DIE REIHE
Archivbilder

IMPRESSIONEN AUS DEM LANDKREIS KÖLN

„Singe, wem Gesang gegeben", forderte der schwäbische Dichter Ludwig Uhland (1787-1862). Diese Aufforderung nahmen Jugendliche aus dem Brühler Kinderheim im Juni 1965 gerne wahr.

DIE REIHE
Archivbilder

IMPRESSIONEN AUS DEM LANDKREIS KÖLN

Gabriele Scholz und Volker Schüler

SUTTON
VERLAG

Sutton Verlag GmbH
Hochheimer Straße 59
99094 Erfurt
http://www.suttonverlag.de

ISBN 3-89702-767-4

Druck: Oaklands Book Services Ltd., Stonehouse | GL, England

Auf dem Übungsplatz am Rodderberg in Brühl fand im Februar 1968 eine Polizeihund-Führer-Ausbildung statt.

Inhaltsverzeichnis

Einleitung 7

1. Verwaltung und Politik 9

2. Mehr Industrie als im Ruhrrevier 33

3. Am Rhein und im Erholungspark Ville 53

4. Stadtansichten 77

5. Rheinische Kulturlandschaft 107

Die zunehmende Motorisierung ab Mitte der 1950er-Jahre ließ auch die Zahl der Verkehrsunfälle beträchtlich steigen. Oft war leider Alkohol im Spiel. Hier demonstrierte die Kreispolizei im Februar 1968 mit einem Probanden, wie ein Alco-Test korrekt durchzuführen ist.

Einleitung

Der Landkreis Köln existierte neben dem Stadtkreis Köln verwaltungsrechtlich von 1816 bis zum 31. Dezember 1974. Zunächst umschloss er die Stadt Köln gänzlich. Bei seiner Bildung im Jahre 1816 gehörten die 13 Bürgermeistereien Brühl, Deutz, Efferen, Frechen, Freimersdorf, Hürth, Lövenich, Longerich, Müngersdorf, Pulheim, Rondorf, Stommeln und Worringen zu dieser neuen preußischen Verwaltungseinheit. Die schrittweise Verschiebung der Grenzen des Landkreises Köln ist in der Folge durch die Eingemeindungen nach Köln in den Jahren 1888, 1910 und 1922 bestimmt worden. Die rechts des Rheins gelegenen Teile gingen ganz in Köln auf. Vom Landkreis Köln blieb nur westlich der Stadt ein Streifen übrig, der sich halbkreisförmig um die Stadt Köln legte.

1932 wurden die Gemeinden Wesseling und Keldenich aus dem Landkreis Bonn in den Landkreis Köln eingegliedert. 1969 kam der Wohnplatz Urfeld aus der Gemeinde Hersel zu Wesseling. Am 13. September 1974 zog die Verwaltung aus der Stadt Köln in den Landkreis nach Hürth. Der Kreis selbst ging zum 1. Januar 1975 mit den Gemeinden, die nicht dem Territorium der Stadt Köln zugeordnet wurden, im neu gegründeten Erftkreis auf.

Bis zu diesem Tag hatte der Landkreis eine beispielhafte Entwicklung genommen. Als nämlich die 1816 frisch ins Land gekommenen Preußen zuerst einmal wissen wollten, was sie sich eigentlich auf dem Wiener Kongress eingehandelt hatten, und deshalb die neuen Kreise unter die Lupe der Statistik nahmen, da zählte man im Landkreis Köln 70 „Fabriken". Wahrscheinlich waren es nur größere Handwerksbetriebe, vorwiegend aus dem Bereich des damals noch in voller Blüte stehenden Töpfereigewerbes. Eine Industrie im heutigen Sinne kannte der Landkreis zu dieser Zeit noch nicht. Der Landkreis Köln war von der Landwirtschaft geprägt, und das blieb er zunächst auch. Außer der seit Jahrhunderten bekannten Anfertigung von Tongefäßen im Frechener und Brühler Raum gab es am Anfang nichts, was nur entfernt mit industrieller Fertigung zu tun hatte. Um die Mitte des 19. Jahrhunderts begann dann der „industrielle Aufbruch" auch im Landkreis Köln.

So entwickelte sich die regionale Steinzeug-Industrie zum wichtigsten deutschen Produzenten in dieser Branche. Die zahlreichen Bergbau-Unternehmen förderten 1864 immerhin bereits 364.000 Tonnen Rohkohle. Richtig los ging es aber erst nach 1877, denn ab dann liefen in der erweiterten Nasspresssteinfabrik „Roddergrube" in Brühl die ersten Brikettpressen. Neben diesen Betrieben siedelten sich etwa ab 1900 chemische Werke im Süden und in der Mitte des Kreises an. Für ihre Standortwahl sprach in erster Linie das günstige Angebot an Braunkohle bzw. elektrischer Energie. Aus dem Landkreis wurde innerhalb kürzester Zeit in des Wortes wahrer Bedeutung ein Industriekreis mit teilweise zusammenhängenden Stadtlandschaften.

Mit diesem Bildband versucht das Autorenduo, den Landkreis Köln in die eigene Erinnerung zurückzuholen. Beim Stöbern im Bildarchiv des Landkreises (Fotograf Mirgeler) und Studieren von Akten, Heimatkalendern, Ortschroniken sowie Zeitungsbeständen ist immer wieder aufgefallen, mit welchem großen Selbstverständnis die jeweilige Verwaltungsspitze und die Bevölkerung diesem Kreis gegenüber standen und wie stolz sie auf ihn waren. Der Kreis hat – nicht zuletzt durch seinen industriellen Reichtum – in den 1950er- und 1960er-Jahren ein so umfassendes soziales Engagement gezeigt, dass es der Bevölkerung leicht fiel, sich damit zu identifizieren.

Gabriele Scholz und Volker Schüler
August 2004

1
Verwaltung und Politik

„Die Kreise im Land Nordrhein-Westfalen und im gesamten Bundesgebiet sind sehr unterschiedlich strukturiert. Es gibt kleinere Kreise, ländlich strukturiert, dünn besiedelt, dazu oft landschaftlich schön, richtige Landkreise und wenn man, was leider oft vorkommt, so richtig unter der Einwirkung des Stresses in diesem Hause steht, hektisch und von einem Termin zum anderen jagt und auf dem Schreibtisch den Aktenberg sieht, dann träumt man davon, Oberkreisdirektor eines solchen Kreises zu sein und ein geruhsames Leben zu führen, vielleicht etwas mehr Zeit für die Familie zu haben. […] Die beispiellose Dynamik dieses Wirtschaftsraumes und der in den Sechzigerjahren einsetzende enorme Bevölkerungszuwachs stellten den Verwaltungschef dieses Kreises vor die Aufgabe, aus einer verhältnismäßig bescheidenen Kreisverwaltung in kurzer Zeit eine moderne Leistungsverwaltung zu machen, die den ständig steigenden Anforderungen gewachsen war. […] Dieser bedeutende Industriekreis Köln stellte in den vergangenen 12 Jahren große Anforderungen an den Chef der Kreisverwaltung. Er forderte einen bedeutenden Oberkreisdirektor, und er hat ihn in Ihrer Person gehabt. […] Bedeutendes ist von Ihnen geschaffen worden und wird auch in Zukunft Zeugnis ablegen von Ihrem Wirken, sei es der Erholungspark Ville, das kommunale Rechenzentrum oder das Institut für Psychohygiene, um nur wenige Beispiele zu nennen. Aber nicht nur der Kreis, sein Kreistag und die Bevölkerung haben Ihnen heute zu danken. Dank abstatten wollen auch wir, Ihre Mitarbeiter. […] Wer lange in einer Behörde gearbeitet hat, der weiß, dass das so genannte Arbeitsklima in einer Verwaltung entscheidend vom persönlichen Stil des Verwaltungschefs geprägt wird. […] Große Selbstständigkeit des Einzelnen, Kooperation in Arbeitsstäben und die klare Entscheidung des Chefs zum richtigen Zeitpunkt haben wesentlich zur Schlagkräftigkeit unserer Verwaltung beigetragen." (Auszug aus der Rede von Dr. Benz zur Verabschiedung von OKD Dr. Gierden, 1974)

Feier in der Katharinenschule in Hürth anlässlich der 150-Jahr-Feier des Landkreises Köln. Links ist Kreisdirektor Dr. Viktor von Dewitz zu sehen. Zu dieser Zeit stand der Landkreis im wirtschaftlichen und sozialen Bereich im bundesweiten Vergleich glänzend da.

Auf dieser Aufnahme von den Feierlichkeiten zum 150-jährigen Bestehen sieht man im Vordergrund von rechts OKD Dr. Karlheinz Gierden, den belgischen General Syndy und Landrat Joseph Hürten.

Dr. Karlheinz Gierden übergibt eine Verkehrskiste an einen Kindergarten im Landkreis. Von 1957 bis 1962 war Karlheinz Gierden Justiziar bei der Stadtverwaltung Köln.

Der erste Polizei-Informationsstand im Landkreis Köln aus dem Jahre 1965 stand im Pulheimer Gymnasium. Am Stand posierte Polizeimeister Lachmann für den Fotografen.

OKD Dr. Karlheinz Gierden im Juni 1969 in seinem Dienstzimmer in Köln. Er wurde am 1. Oktober 1962 Oberkreisdirektor des Kreises Köln. In diesem Amt folgte er Dr. Willy Genrich nach. Auf Gierdens Initiative hin wurde die „Kommunale Arbeitsgemeinschaft für Planungsangelegenheiten" im Kreis Köln 1963 ins Leben gerufen.

Der Landkreis Köln wurde gern von den jeweiligen Kölner Regierungspräsidenten besucht. Diese Aufnahme aus dem Dezember 1966 entstand im ROW (Rheinische Olefinwerke) Wesseling beim Antrittsbesuch des Regierungspräsidenten Dr. Heidecke. Des Weiteren sieht man u.a. Rudi Adams, Personalchef Gottfried Breuer, OKD Dr. Karlheinz Gierden und Landrat Joseph Hürten.

Verleihung des Bundesverdienstkreuzes am Bande an den ehemaligen OKD Johannes Wolff durch Landrat Matthias Fischer im Jahre 1973. Der Oberkreisdirektor war in NRW, bis zur Abschaffung der Doppelspitze, der leitende Beamte eines Landkreises.

Besuch des Regierungspräsidenten Franz Grobben im Landkreis Köln, hier im Kreishaus, aufgenommen am 3. September 1959. Franz Grobben war bis 1966 Regierungspräsident in Köln und gern gesehener Gast im Kreishaus in der Kölner St.-Apern-Straße. Er starb am 8. Juni 1994.

Die gemeinsame Aufnahme von der Verwaltungsspitze des Landkreises und den Vertretern der Bezirksregierung entstand Ende der 1950er-Jahre. Eine Bezirksregierung ist das Bindeglied zwischen der Regierung auf der einen und den Kommunen und Landkreisen auf der anderen Seite. Sie ist die Behörde, mit der die Regierung den Bürgern entgegentritt, die aber zugleich auch die Interessen einer Region gegenüber der Zentralregierung wahrnimmt.

Im August 1955 feierte OKD Dr. Genich im Kreishaus Köln seinen 50. Geburtstag. Das Kreishaus ist im Zweiten Weltkrieg zerstört und in den 1950er-Jahren wieder aufgebaut worden. So verputzte die Firma Jakob Golderer aus Rodenkirchen 1951 Wände und Decken des Hauses vom Erdgeschoss bis zum dritten Stock.

Verabschiedung des Kreisdirektors Dr. Viktor von Dewitz am 29. Mai 1970 in der Kreisverwaltung Köln.

Weihnachtsfeier der Polizei-Pensionäre in der Kantine der Kreisverwaltung Köln. Die Aufnahme entstand am 18. Dezember 1967.

Diese Aufnahme aus den 1960er-Jahren zeigt die Mitarbeiter des Ordnungsamtes in der St.-Apern-Straße. Rechts im Bild sieht man Hans Haberkorn.

Die Räumlichkeiten des Sozialamtes des Landkreises, aufgenommen am 10. Januar 1964. U.a. sind die Kollegen und Kolleginnen Klaus Dott, Christine Suchanka, Peter Emund zu sehen.

Eine Aufnahme vom Straßenverkehrsamt des Landkreises Köln, sie entstand im August 1967.

Am 18. Mai 1965 besuchte die englische Königin Schloss Brühl. Am 14. September 1949 hatte der erste Bundespräsidenten Theodor Heuss erstmals auf Schloss Brühl Gäste empfangen. Danach nutzte die Bundesregierung Schloss Augustusburg für repräsentative Veranstaltungen.

Besuch des französischen Staatspräsidenten General Charles de Gaulle im Schloss Brühl am 5. September 1962. Hier fand am zweiten Tag des einwöchigen Staatsbesuches ein Galadiner mit anschließendem großem Zapfenstreich der Bundeswehr statt.

Feierstunde des „Kuratoriums unteilbares Deutschland" am 9. Mai 1959 in der Turnhalle Wesseling. Präsident dieser Organisation war Paul Löbe, Sozialdemokrat und früherer Reichstagspräsident. „Nur wenn wir unseren Landsleuten im Westen ständig ins Gewissen hämmern, dass die Wiedervereinigung die erste und wichtigste Aufgabe für Deutschland ist, kann diese Zuversicht unerschüttert bleiben. Dafür nun will unsere Organisation wirken", sagte er am 20. Juli 1954.

Vor der Einfahrt des Kreishauses Köln sieht man Frau Kuntel, Herrn Locke, Herrn Wagner und Frl. Rakhoff aus dem geteilten Berlin, die sich bei Aktionen des „Kuratoriums unteilbares Deutschland" besonders ausgezeichnet hatten. Des Weiteren sieht man Landrat Lux und Frl. von Veltheim vom Bundeskuratorium in Bonn. Jacob Kaiser, Minister für gesamtdeutsche Fragen im Kabinett Adenauer, gründete das Kuratorium am 14. Juni 1954 in Bad Neuenahr.

Inbetriebnahme des neuen Zahnklinikwagens des Landkreises Köln am 30. November 1969 in Lövenich. Dritter von links ist Klaus Pokolm. Der Anschaffungspreis des Wagens betrug 106.354 DM, wovon das Land NRW 50.000 DM stellte. Der alte Wagen wurde nach elf Jahren Dienst ausgemustert.

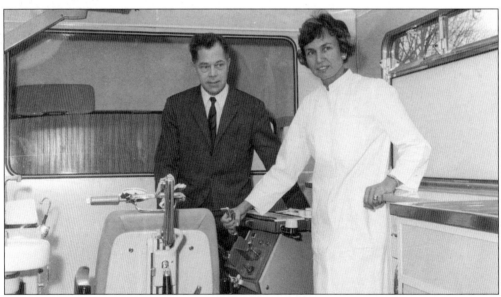

Der Zahnklinikwagen ist auf regionaler Ebene – hier im Landkreis Köln 1969 – die Basis für zahnmedizinische Gruppenprophylaxe in Kindergärten und Schulen. Die konzeptionelle Ausrichtung der Schulzahnpflege übernahm 1909 das „Deutsche Zentralkomitee für Zahnpflege in Schulen", das 1937 in eine Arbeitsgemeinschaft umgewandelt wurde. 1949 wurde der „Deutscher Ausschuss für Jugendzahnpflege" (DAJ) gegründet, der Kindern und Jugendlichen eine vernünftige Zahnpflege vermitteln sollte.

Jugendzahnpflege im Mai 1969 vor der Hauptschule in Sürth. In der Bundesrepublik setzte sich das so genannte „Frankfurter Modell" durch. Es beruht auf den tragenden Pfeilern Unterweisung in der Mundhygiene, Zahnuntersuchung durch den Schulzahnarzt in der Schule, Benachrichtigung der Eltern über die etwaige Behandlungsbedürftigkeit, Zahnbehandlung in der freien Praxis und Nachuntersuchung.

Wiederaufbau des Gesundheitsamtes des Landkreises in der St.-Apern-Straße 25/27 im September 1953. Der Bauschein für diesen Komplex wurde laut Aktenlage erst am 24. Mai 1954 von der Stadt Köln ausgestellt.

Die Parzelle 957/229 in der Flur 21 der Stadt Köln gehörte dem Landkreis Köln. Der Rohbau des Gesundheitsamtes wurde im März 1955 durch Beamte der Stadt abgenommen. „Im Besonderen musste das Gesundheitsamt aus betriebstechnischen Gründen mit der benachbarten Kreisverwaltung verbunden werden", heißt es in der Akte 102 A3032.

Das Kreishaus in der Kölner St.-Apern-Straße um 1972. Die Fassade wurde von 1907 bis 1909 vom Architekten Karl Moritz errichtet. 1974 zog die Verwaltung des Landkreises Köln in das Kreishaus in Hürth um. Der Erftkreis wertete das Kölner Gebäude nicht als Denkmal. So erteilte der Regierungspräsident 1977 die Abrissgenehmigung. Glücklicherweise blieb die Fassade erhalten und bietet heute ein angemessenes Ambiente für Kunst- und Antiquitätenläden.

Die Rückfront des Ausgleichsamtes in der Albertusstraße auf dem Gelände der Kreisverwaltung in Köln, aufgenommen um 1972. Die Zeit der Verwaltungseinrichtungen in Köln war zu diesem Zeitpunkt schon „gezählt".

Das Personal der Kataster- und Vermessungsabteilung des Kreises stellte sich im Mai 1965 dem Fotografen.

Eine Aufnahme des Sitzungssaals des Kreistages des Landkreises Köln in der St.-Apern-Straße, um 1964.

Den Arbeitsbereich des Ordnungsamtes des Landkreises hielt ein Fotograf am 16. Januar 1964 fest.

Das Kreiskindererholungsheim in Porta Westfalica am 20. März 1957. Im Jahre 1926 erwarb der Landkreis die ehemalige Pension in der Nähe von Minden. Seit den 1930er-Jahren wurden hier elternlose neben erholungssuchenden Kindern untergebracht.

Auf dieser Aufnahme vom 27. Juni 1957 sind die Waisenkinder im Schlosspark Brühl zu sehen. Die Aufnahme entstand nach der Grundsteinlegung des neuen Waisenhauses in Brühl.

Dieses Foto entstand am 6. Juli 1959 anlässlich der Einweihung der Kapelle des Kreiswaisenhauses in Brühl. Die kirchliche Segnung vollzog der Kölner Weihbischof Joseph Ferche.

Gottfried Gymnich war von 1816 bis 1836 als Landrat tätig. Am 9. Mai 1818 wurde laut Allerhöchster Kabinettsorder der bisherige ländrätliche Kommissarius, Herr Advokat Gymnich, offiziell als Landrat bestätigt. Er hatte das Amt seit dem 30. April 1816 kommissarisch geführt.

Hermann-Joseph Simons war von 1836 bis 1867 Landrat. Der Gutsbesitzer Simons zu Vogelsang erhielt seine Ernennung am 26. September 1837. Am 2. September 1836 wurde er vorläufig mit den Kreisgeschäften beauftragt.

Karl Albert von Wittgenstein übte das Amt des Landrats von 1868 bis 1884 aus. Nach dem Tod von Simons wurde das Landratsamt nach Köln in die Mittelstraße 3 verlegt. Die Verwaltung leitete kommissarisch der Regierungsassessor Forst, bis am 10. Juni 1868 von Wittgenstein zum Landrat ernannt wurde.

Graf Max von Nesselrode-Ehrenhofen war von 1886 bis 1887 Landrat. Im Jahre 1884 schied Wittgenstein aus dem Staatsdienst aus und man übertrug zunächst Kreissekretär Esser die landrätlichen Aufgaben. Am 1. Mai 1886 wurde dann von Nesselrode-Ehrenhofen zum Landrat des Landkreises Köln ernannt.

Der Regierungsassessor Dr. Georg Franz von Dreyse wurde am 13. Juni 1888 zum Landrat ernannt. Er übte das Amt bis 1902 aus. Kurz vor seiner Ernennung am 1. April 1888 verlor der Kreis die Stadtgemeinden Deutz und Ehrenfeld sowie die Landgemeinden Longerich, Müngersdorf, Nippes, Poll und Kriel an die Stadt Köln.

Der Beigeordnete Joseph Minten wurde am 24. Dezember 1902 zum Landrat ernannt und blieb bis 1920 im Amt. 1909 wurde das Landratsamt des Landkreises innerhalb der Stadt Köln von der Jakordenstraße 10a in die St.-Apern-Straße 19/23 verlegt.

Philipp Karl Heimann war von 1920 bis 1933 als Landrat tätig. Am 14. Oktober 1920 übertrug man ihm die Verwaltung des Landkreises. Zwei Jahre später wurde die Landgemeinde Worringen auf Beschluss des preußischen Landtages vom Landkreis abgetrennt und zum größten Teil in die Stadt Köln eingemeindet.

Kreisleiter Heinrich Loevenich war von 1933 bis 1945 auch Landrat. Am 1. August 1932 verzeichnete der Landkreis den Zugang der Landgemeinden Wesseling und Keldenich aus dem Amt Hersel. Sie waren zuvor dem Landkreis Bonn zugeordnet.

Josef Scheuren war von 1948 bis 1952 Landrat. Daneben war er Verwaltungsdirektor und von 1956 bis 1960 Kreistagsmitglied. Der Landkreis Köln hatte im Jahre 1948 eine Fläche von 29.239 Hektar, 139.972 Menschen wohnten im Kreisgebiet.

Toni Lux war von 1956 bis 1961 Landrat. In seiner Amtszeit wurden gemäß Erlass des Innenministers von NRW vom 21. März 1960 54,6 Hektar – Teile des Kölner Stadiongeländes – aus der Gemeinde Lövenich in die Stadt Köln eingegliedert.

Matthias Fischer war von 1969 bis 1974 Landrat. Er wurde Nachfolger von Joseph Hürten, der von 1961 bis 1969 dieses Amt ausübte.

2

Mehr Industrie als im Ruhrrevier

„Es sind schon imponierende Zahlen und Ergebnisse, die die Industrie im Landkreis vorzuweisen hat. Der Landkreis Köln hat nach den Städten Leverkusen und Wolfsburg das höchste Sozialprodukt je Kopf der Bevölkerung. Das bedeutet: Der Landkreis Köln ist der am meisten industrialisierte Landkreis der Bundesrepublik. Das bedeutet: Der Landkreis Köln ist stärker mit Industrie durchsetzt als die Städte und Landkreise des Ruhrgebiets. Das bedeutet auch: Der Landkreis Köln ist ein reicher Kreis. An der Spitze liegt nicht mehr der Braunkohlenbergbau. Mit 12.788 Beschäftigten führte schon 1963 die chemische und Mineralöl verarbeitende Industrie vor dem Braunkohlentagebau mit 7.927 Beschäftigten. Es folgen: Maschinenbau, Fahrzeugbau, Schiffbau: 4.460 Beschäftigte; Steine und Erden: 2.389 Beschäftigte; Eisen-, Stahl-, Tempergießereien: 2.181 Beschäftigte; Stahlbau: 1.124 Beschäftigte; Feinkeramische Industrie: 1.218 Beschäftigte; Stahlverformung, Eisen-, Blech-, Metallwaren-Industrie: 1.496 Beschäftigte; Elektrotechnische Industrie: 797 Beschäftigte; Nahrung und Genuss: 703 Beschäftigte; Bekleidung: 517 Beschäftigte; Holz verarbeitende Industrie: 153 Beschäftigte; Textilindustrie: 119 Beschäftigte. Die Statistik beweist, dass die allgemeine Vorstellung vom Landkreis Köln als einem Braunkohlenkreis nicht mehr zutrifft. Sie traf schon 1956 nicht mehr zu. Damals gab es bereits mehr Beschäftigte in der chemischen Industrie als im Bergbau. Die Verantwortlichen sind über die Verlagerung des Schwergewichts nicht unglücklich. […] Die chemische Industrie kam erst in diesem Jahrhundert in den Landkreis Köln. Für die Ansiedlung im Landkreis Köln war entweder der vorhandene Rohstoff Braunkohle oder, und das in erster Linie, die ungewöhnlich verkehrsgünstige Lage maßgeblich. Die wichtigsten chemischen Werke im Landkreis sind: die Knapsack AG, die Union Kraftstoff AG, die Degussa, die Rheinischen Olefin-Werke, die Shell-Raffinerie, die Chemische Fabrik Wesseling. […] Die DEGUSSA – Deutsche Gold- und Silber-Scheide-Anstalt – ist im Landkreis Köln mit drei Produktionsstätten vertreten. In Kalscheuren arbeitet eine Rußfabrik, in Knapsack wird Natrium hergestellt, und in Wesseling werden Blausäure, Natrium- und Kaliumcyanidlauge produziert. […] Die Eisen verarbeitende Industrie im Landkreis Köln ist naturgemäß nicht rohstoffgebunden, sondern absatzorientiert. Zu den größten Betrieben dieser Art gehören die Maschinenfabrik Sürth, die Wesselinger Gusswerke, das Rankewerk Brühl und in jüngster Zeit auch die Mauser-Werke in Brühl. […] Das industrielle Angebot des Landkreises Köln ist breit gefächert. Es erweitert sich außerdem zusehends, weil die Gemeinden im bisher nur sehr schwach industrialisierten Norden mit einer Politik geschickter und dem Charakter ihrer Gemeinden gemäßer Industrieansiedlung begonnen haben. […] Es gibt Glas- und keramische Industrie, Teppichindustrie, Betriebe für Aufzüge, Schleifscheiben, Druckgasarmaturen, Papier, Gummi, Kosmetik, Spritzguss, Kunststoffe usw. usw. Schon heute leben 80.000 bis 90.000 Menschen des Landkreises Köln von den industriellen Betrieben. Das Ende der industriellen Revolution im Landkreis Köln ist noch nicht abzusehen. Die verkehrsgünstige Lage und die Aufgeschlossenheit der Gemeinden ziehen weitere Betriebe an. Der Landkreis Köln wird ein Industriekreis bleiben." (Zitat aus: Presse-Sammelband, 150 Jahre Landkreis Köln, Kreisarchiv)

Im Februar 1968 wurde dieses Verkehrsschild in Groß-Königsdorf an der Aachener Straße aufgestellt. Von rechts sieht man Klaus Pokolm, Oberkommissar Meier, Herrn Pons und Herrn Wind.

Diese Aufnahme entstand im Februar 1968 an der B 265 in Hermülheim. Die Luxemburgerstraße wurde von einem Triebwagen der KBE (Köln-Bonner Eisenbahnen) gekreuzt.

Fließender Verkehr auf der Autobahn 4 im Mai 1964, aufgenommen von der Brücke in Weiden. Die stetige Zunahme des Kraftfahrzeugverkehrs ließ auf dem Gebiet der Bundesrepublik Deutschland den Weiterbau von Autobahnen immer dringender werden. Die früheren Reichs- autobahnen und Reichsstraßen wurden zu Bundesfernstraßen zusammengefasst, die sich bis heute in Bundesautobahnen und Bundesstraßen gliedern.

Noch eine Aufnahme von der Autobahn vor Weiden aus dem Jahre 1968. Das Bundesministe- rium für Verkehr legte 1957 den „1. Ausbauplan für die Bundesfernstraßen" vor. Bis zum Abschluss des ersten Ausbauplanes im Jahre 1970 waren 4.460 Kilometer Bundesautobahnen in Betrieb, weitere 1.200 Kilometer befanden sich in Bau.

Der Tagebau Berrenrath-West im April 1958. Die Entstehung der rheinischen Braunkohlenindustrie hängt ursächlich mit dem Abbau von Ton für Steinzeug zusammen.

Bagger im Abbaugebiet Alt-Berrenrath am 14. Oktober 1956. Urkundlich wird Berrenrath bereits im Jahre 922 erwähnt. Um 1897 entstand in der Nähe des Ortes die erste Braunkohlengrube, die Grube „Engelbert". Im Jahre 1912 bekam Berrenrath elektrisches Licht, 1913 zählte der Ort 1.201 Einwohner.

Dieser Eimerketten-Bagger wurde am 14. Oktober 1956 bei Berrenrath aufgenommen. Im Zuge der kommunalpolitischen Zusammenlegung im Jahre 1930 wurde Berrenrath Ortsteil der Großgemeinde Hürth.

Das rekultivierte Abbaugebiet bei Neu-Berrenrath im Mai 1963. Bereits im Frühjahr 1952 war mit den Bauvorhaben für den neuen Ort begonnen worden. Im August 1954 bezog die Familie Hans Esser als erste Hauseigentümerin ihr neues Heim in der Wendelinusstraße in Neu-Berrenrath.

Einsatz eines Buckauer Abraumbaggers und eines Lübecker Hochbaggers im Feld „Fürstenberg"
bei Türnich. Im Hintergrund sieht man den Ort Bottenbroich. „Riesigen Fangarmen gleich
umklammert die [...] Grube [...] den einer Halbinsel ähnelnden, lang gestreckt auf der höchs-
ten Bodenerhebung des Kreises Bergheim erbauten Ort, von dem ein Haus nach dem andern
abbröckelt, das heißt abgetragen wird", schrieb die „Kölnische Rundschau" am 11. April 1947.

Das Ende einer Bagger-Karriere im Einsatzgebiet Brühl-Kierberg wurde am 7. April 1956 foto-
grafisch festgehalten.

Die Brikettfabrik „Gruhlwerk" in Brühl-Heide, aufgenommen am 4. Mai 1958. Die Brikettproduktion im Werk I wurde am 28. Januar 1955 eingestellt. Mit der Sprengung der Schornsteine von Gruhlwerk II am 17. September 1965 ging das Braunkohlenzeitalter im Südrevier endgültig zu Ende.

Blick vom Sioniterhof in Wesseling auf den Rhein. Auf der Aufnahme vom 25. August 1953 sieht man beladene Braunkohlekähne. Bis 1957 übernahmen nicht wie heute üblich Schubschiffe, sondern Schleppdampfer, Schleppkähne und Dampfgüterboote den Transport von Industriegütern auf dem Rhein.

Die Aufnahme vom 3. Juli 1957 zeigt die Rohrbrücke der Union Kraftstoff A.G. zur Rheinverladung in Wesseling-Süd.

Hier ist eine Turbinenmontage in den Rheinischen Olefinwerken GmbH (ROW) im Mai 1959 festgehalten. Die ROW wurden am 27. August 1953 gegründet. Sie nahm im September 1955 als junges Unternehmen die Ölverarbeitung im südlichen Landkreis auf.

Regierungspräsident Dr. Heidecke besuchte im Dezember 1966 den Landkreis Köln. Dabei machte er auch Station in der ROW Wesseling. Heute wird die Firma als Gemeinschaftsunternehmen der Deutschen Shell AG und der BASF betrieben.

Die Rheinischen Olefin-Werke in Wesseling im August 1963, von der Autobahn Köln–Bonn aus aufgenommen. 1969 planten die ROW die Einrichtung einer Äthylenbenzol-Styrolanlage mit einer Jahreskapazität von 240.000 Tonnen, um auf dem neuen Kunststoffsektor tätig zu werden.

Die Union Rheinische Braunkohlen-Kraftstoff AG (UK) in Wesseling am 19. Februar 1943. Die UK wurde 1937 als Gemeinschaftsunternehmen des Rheinischen Braunkohlenbergbaus gegründet. Hier wurden im Hydrierverfahren aus Braunkohlenbriketts u.a. Flugbenzin und Teeröl hergestellt.

Die Turbinen-Anlage im Kraftwerk der Union Rheinische Braunkohlen-Kraftstoff AG in Wesseling am 24. November 1949. Die Kraftstoff-Produktion konnte nach dem Zweiten Weltkrieg erst 1949 wieder aufgenommen werden. Ursprünglich sollte die Anlage auf Anordnung der Alliierten demontiert werden.

Diese Aufnahme der Hochdruckanlagen der UK entstand am 3. November 1949. Die UK ist heute eine moderne Ölraffinerie. Das Öl kommt durch eine Pipeline aus Bremerhaven nach Wesseling.

Eine weitere Aufnahme der Rheinische Braunkohlen-Kraftstoff AG in Wesseling; sie entstand am 12. März 1943.

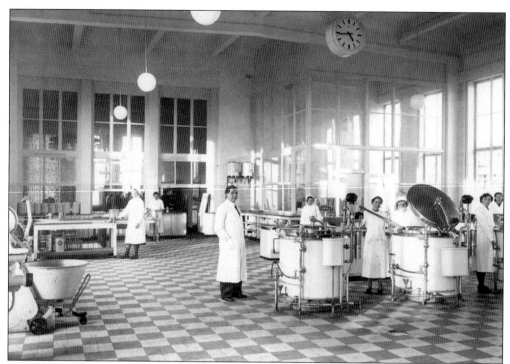

Die Werksküche der Union Rheinische Braunkohlen-Kraftstoff AG in Wesseling, aufgenommen am 14. September 1940.

Die Union Rheinische Braunkohlen-Kraftstoff AG in Wesseling am 26. Juli 1943. Abgebildet sind die Gasfabrik und das Kraftwerk, von Urfeld aus gesehen.

Diese Aufnahme der Silos der Knapsack-Griesheim-AG im Rheinhafen in Wesseling-Godorf entstand am 28. November 1957. Die Grundstoffe für die Produktion im Werk Hürth-Knapsack wurden per Schiff angeliefert.

Die Industrieanlage der Shell AG in Godorf im April 1968. Die vollautomatische Raffinerie in Godorf gehört zu den modernsten und leistungsfähigsten in Europa. Sie zeigt bereits den neuen Typ der chemischen Industrie: Die Raffinerie beschäftigt in der Produktion kaum Arbeitskräfte und sie arbeitet weitgehend geruch-, geräusch- und emissionslos.

Am 13. Februar 1968 brannte es bei der Shell AG in Godorf. Feuerwehrmänner aus dem ganzen Landkreis Köln waren im Einsatz.

Noch einmal der Brand bei der Shell AG in Godorf im Februar 1968. Im Jahre 1966 wurde im Landkreis eine erste Feuerwehr-Leitstelle, Funkeinrichtung genannt, aufgebaut – damals eine technische Neuheit. Nicht zuletzt die starke Konzentration chemischer sowie petrochemischer Industrie machte diesen Schritt erforderlich. Nur so war eine schnelle Katastrophenabwehr möglich.

Zum Zeitpunkt des Brandes bei der Shell AG in Godorf gab es im Landkreis Köln 500 freiwillige Feuerwehrleute und 38 Einsatz-Fahrzeuge.

Die Deutsche Norton Gesellschaft in Wesseling am 12. November 1959. Die Gesellschaft wurde 1909 in Wesseling als Tochtergesellschaft der Norton Company Worcester gegründet. Sie stellte Schleifscheiben, Schleifkörper in keramischen, Silikat-, Kunstharz- und Schellackbindungen sowie feuerfeste Erzeugnisse her. Mitte der 1950er-Jahre hatte der Betrieb etwa 600 Beschäftigte.

Das Goldenbergwerk, aufgenommen am 8. Juni 1954. Das Werk war die erste Großstromanlage des RWE auf Braunkohlenbasis; es stand in der kleinen dörflichen Landgemeinde Hürth-Knapsack. Im April 1914 ging die „Vorgebirgszentrale" zunächst mit zwei Turbogeneratoren von je 15.000 kW in Betrieb. Das Versorgungsgebiet erstreckte sich zu diesem Zeitpunkt bereits bis zu 35 Kilometer beiderseits des Rheins von Emmerich bis Neuenahr.

Die Industrie im Kreis boomte. Auf dieser imposanten Aufnahme sieht man die Industrieanlage Knapsack mit den Resten der „12 Apostel" im Mai 1962. Das älteste chemische Werk im Landkreis Köln war die Knapsack AG, die 1907 als Stickstoff AG ihren Betrieb aufgenommen hatte.

Abendstimmung im Mai 1962. Nach dem Zweiten Weltkrieg wurde der Industriekomplex Hürth-Knapsack um eine neue Produktionsstätte bereichert, eine Phosphatfabrik.

Eine Aufnahme vom Mai 1969 zeigt den Containerbahnhof in Efferen, der im Zuge der kommunalen Neuordnung der Stadt Köln zugewiesen wurde.

Die Aufnahme entstand im September 1962 in der Reparaturwerkstatt für elektrische Triebwagen der Köln-Bonner-Eisenbahn (KBE), die in Wesseling ihren Sitz hatte.

Der Bahnhof Wesseling nach dem Umbau. Die Aufnahme stammt aus dem Jahre 1949.

Kreisfotograf Mirgeler nahm in den 1960er-Jahren einen Werkzeugmacher bei seiner Arbeit auf. Die Aufgaben der Werkzeugmacher sind gerade in der industriellen Zeit sehr vielfältig, dazu gehört auch die Fertigung von Serienteilen, Vorrichtungen oder ähnlichen Geräten aus Metall.

Ein Stellmacher ging 1955 seiner Arbeit nach. Es gab im Landkreis Betriebe der Holz verarbeitenden Industrie, darunter die traditionsreiche Kleinmöbelfabrik Carl Hondrich KG in Frechen, die sich auf die Herstellung von Pkw-Anhängern spezialisiert hatte.

3

Am Rhein und im Erholungspark Ville

Rund 1.320 Kilometer zieht sich der Rhein von den Schweizer Alpen bis zur Nordsee durch Europa. Er ist Schifffahrtsroute und Trinkwasserreservoir, touristisches Ziel sowie Wirtschaftsader und muss Abwässer seiner Anlieger und der Chemie-Riesen entlang seiner Ufer verkraften. Im rund 185.000 Quadratkilometer großen Einzugsgebiet des Rheins leben etwa 50 Millionen Menschen, davon 34 Millionen in Deutschland. Nirgends in Europa wohnen so viele Menschen an und mit einem Fluss wie am Rhein. Durch Deutschland fließt ein 865 Kilometer langer Flussabschnitt; damit ist er der längste Fluss des Landes. In unserer Region durchquert er die Landschaften des Rheinischen Schiefergebirges, die von Taunus, Hunsrück, Eifel und Westerwald umgeben sind. Hinter Bonn erreicht er die Kölner Bucht. Nun geht es eher gemächlich in die Niederlande, wo er sich in die Mündungsflüsse Lek und Wal teilt. Ob Römerkähne, Holzflöße oder Dampfschiffe, auf dem Rhein fuhr schon jede Art von Fluss-Schiffen. Die Römer nutzen ihn zum Mahlen ihrer Korns, indem sie Schiffmühlen im Strom platzierten. Er war und ist auch im 21. Jahrhundert immer noch ein nützlicher Fluss. Seine Schlingen, die sich wie ein blaues Band durch das Rheintal ziehen, gaben Anlass zu vielen romantischen und mystischen Sagen und Geschichten. Der Landkreis Köln war stets ein Landkreis am Fluss. Seine Bewohner lebten mit ihm. Sie kannten den Rhein bei Tiefstand und bei Hochwasser. Sie nutzten ihn zum Transport ihrer industriellen und landwirtschaftlichen Güter. Bei der Grenz-Veränderung 1883 verlor der Kreis erstmals 14 Hektar Rheinfläche an den Stadtkreis Köln. Die neue Stadt- und Landkreisgrenze bildete damals die neue Umwallung. Trotzdem konnte ein Teil des Rheines in den 1975 neu gegründeten Erftkreis mitgenommen werden. Heute heißt dieser Kreis als Rechtsnachfolger des Landkreises Köln Rhein-Erft-Kreis. Er hat bei Wesseling weiterhin eine Verbindung zum Fluss.

Blick von der Rheinmitte auf Wesseling, vermutlich im August 1954 aufgenommen. Das Wort „Rhein" soll aus dem Keltischen stammen und so viel wie „rinnen" bedeuten.

Der Rhein bei Wesseling, leider ist nicht bekannt, wann die Aufnahme entstand. Das Rhein-hochwasser ist so alt wie der Rhein selbst. Zur Zeit der Schneeschmelze, vor allem in den Alpen, aber auch in den angrenzenden Mittelgebirgen wie Schwarzwald, Vogesen, Hunsrück, Taunus, Eifel und Westerwald, steigt der Flusspegel beträchtlich über das Normalniveau.

Rheinhochwasser bei Wesseling, aufgenommen am 16. Februar 1957. Erst mit der Begradigung des Rheins und seiner Einengung durch Schutzdämme im 19. Jahrhundert wurden die Hochwasser für die Bevölkerung am Rheinufer bedrohlich. Da die natürlichen Überschwemmungsgebiete weggefallen waren, wurden nun die Wohngebiete überflutet oder die Schutzwälle brachen unter dem Druck des Wassers.

Noch einmal das Rheinhochwasser bei Wesseling im Februar 1957. Im Jahre 1784 überflutete das Hochwasser – über den alten Rheinarm zwischen Urfeld und Wesseling – sogar Keldenich. Im bitterkalten Winter 1963 trieben letztmalig dicke Eisschollen auf dem Rhein. Die meteorologische Anstalt der Universität Basel meldete sogar den kältesten Winter seit 208 Jahren.

Rheinhochwasser in Rodenkirchen am 4. Februar 1954. Der Stadtteil Rodenkirchen ist besonders vom Hochwasser betroffen, da hier schon bei einem geringeren Pegelstand als in der Kölner Altstadt die Überflutung beginnt und tausende von Einwohnern bedroht.

Rodenkirchen am 4. Oktober 1959 vom Rhein aus gesehen. Die Gemeinde Rodenkirchen hieß bis zum 26. September 1961 Gemeinde Rondorf. Am 1. April 1888 verlor die Gemeinde die Orte Klettenberg, Zollstock, Bayenthal und Marienburg an die Stadt Köln.

In Rodenkirchen wurde am 4. Oktober 1959 ein Tiefstand des Rheins verzeichnet. Zur Erinnerung: An diesem Tag wurde die sowjetische Raumsonde Lunik III in den Weltraum geschossen. Sie sollte Bilder von der unbeleuchteten Rückseite des Mondes zur Erde funken.

Hochwasser in Stommeln am 30. Mai 1956. „Nach Fertigstellung [des Randkanals, d.V.] ist zudem die Frühjahrshochwassergefahr für Lövenich und Brauweiler mit seinem RWE-Umschaltwerk für Pulheim und Stommeln gebannt, weil der Kanal dann gleichzeitig für diese und weitere Orte im nördlichen Landkreis Köln [...] als Vorfluter dient." (Zitat: Sonderausgabe der „Kölnischen Rundschau" vom 27. März 1956)

Eine weitere Aufnahme des Hochwassers in Stommeln im Mai 1956: Blick durch das Schaufenster des Geschäftes der Stüssgen-Handelskette. Wolkenbruchartiger Dauerregen überflutete damals die Region. Die Wassermassen brachten Schlamm von den Feldern bis in die Orte.

Lövenich wurde 1949 von einer Hochwasserkatastrophe heimgesucht. Die erste urkundliche Erwähnung des heutigen Kölner Stadtteils, dessen Name von „Luviniacum", einem Gut der Kelten, abgeleitet wird, stammt aus dem Jahre 1028.

Eine weitere Aufnahme der Hochwasserkatastrophe von 1940 in Lövenich. Zu dieser Zeit waren vor allem die Hochwasser im Frühjahr gefährlich und gefürchtet.

Dieses Foto entstand im Februar 1966 im Erholungspark Ville. Am 6. September 1965 konnte nach zähen Verhandlungen endlich der „Erholungspark Ville e.V." im Kreishaus Köln gegründet werden. Dr. Karlheinz Gierden, der die Gründung maßgeblich vorangetrieben hatte, wurde Vorsitzender des Vereins mit Sitz in Brühl.

Eine Aufnahme des Waldgeländes im Erholungspark Ville vom Februar 1966. Den Beitritt zum Verein hatten bis dahin der Landschaftsverband Rheinland, die Stadt Köln, der Landkreis Bergheim, der Landkreis Euskirchen, der Landkreis Köln, die Stadt Brühl, die Stadt Frechen, die Gemeinde Liblar und die Gemeinde Türnich erklärt.

Eine Aufnahme des Waldgeländes zwischen der B 51 und dem Silbersee, einem ehemaligen Tagebau, aus dem Jahre 1969. Mit Erlass vom 17. April 1967 schloss der Minister für Wohnungsbau und öffentliche Arbeit des Landes NRW das Gebiet des Erholungsparkes räumlich mit dem bisherigen Naturpark Kottenforst zum jetzigen Naturpark Kottenforst-Ville zusammen. Den Antrag dazu hatte der Verein „Erholungspark Ville e.V." gestellt.

Zum Erholungspark Ville gehört der Schluchtsee bei Brühl, hier im Januar 1966. Der damals neu gegründete Verein hatte sich zum Ziel gesetzt, im rekultivierten Abbaugebiet der rheinischen Braunkohle südlich von Köln bei der Planung von Wanderwegen, Parkplätzen, Freibädern und ähnlichen Anlagen zum Wohl der erholungssuchenden Bürger mitzuwirken.

Im August 1967 war die Badesaison am Heider Bergsee in Brühl in vollem Gange. Die Schilder „Baden verboten" waren im Sommer 1966 verschwunden. Einstimmig beschlossen die Mitglieder der „Kommunalen Arbeitsgemeinschaft für Planungsangelegenheiten im Landkreis Köln" im April des gleichen Jahres den Ausbau des Darberger Weges.

„Die Stadt Brühl will versuchen den ‚Wildwassercharakter' nach Möglichkeit zu erhalten. Wird das überhaupt möglich sein, wenn tausende Badelustige an die Ufer des Gewässers strömen", fragte am 5. Mai 1966 die „Neue Rhein Zeitung". Die Aufnahme des Heider Bergsees stammt vom April 1969.

Diese Aufnahme vom August 1966 zeigt den Heider Bergsee von Brühl-Heide aus. 1966 schlug der damals bekannte Kölner Gartenarchitekt Viktor Calles für das zwischen Liblar und Brühl gelegenen Rekultivierungsgebiet einen Aufsehen erregenden Plan vor, der weit über die bisherigen Planungen des Vereins „Erholungsparks Ville" hinausging.

Als Ausweg aus der finanziellen Sackgasse der Kölner Bundesgartenschau von 1971 plante Calles neben der traditionellen Gartenschau im Rheinpark eine Landschaftsschau im linksrheinischen Seengebiet. Er sah schon damals die Entwicklung dieser Region als Erholungs- und Siedlungsgebiet der Stadt Köln voraus. Die Aufnahme des Heider Bergsees entstand im Oktober 1967.

Der Unterstellpilz zwischen Unter-, Schlucht- und Berggeist-See im Januar 1966. Im rekultivierten Braunkohlenabbaugebiet entstand ein Naherholungsgebiet mit Wäldern und Seen.

Blick vom Unterstellplatz zum Unter-See im Januar 1966. Am 30. Oktober 1966 sprach genau hier Rheinbraun-Direktor Dr. Gärtner: „Die Braunkohle hat bisher 14.000 Hektar in Anspruch genommen, aus denen 3,8 Milliarden Tonnen Braunkohle gewonnen wurden. Insgesamt 4.500 Hektar waren Wald, von dem 3.800 Hektar wiederhergestellt wurden. [...] Die Fläche der 22 Seen ist 420 Hektar groß, 150 Hektar Straßen wurden wiederhergestellt." (Zitat: NRZ vom 31. Oktober 1966)

Diese Aufnahme des Bleibtreu-Sees entstand Mitte der 1970er-Jahre. Der See ist maximal etwa 13 Meter tief. Seit 2000 besteht mit dem Kottenforst-Ville und den Ville-Tauchern ein Vertrag über die Nutzung des Sees. Doch auch Badegäste kommen immer wieder gerne und nutzen den kostenlosen Badespaß, vor allem, da der Bleibtreusee einer der wenigen Seen im Ville-Seen-Gebiet ist, in dem man legal schwimmen darf.

Winterstimmung am Berggeist-See im Januar 1966. Vom 17. November bis 17. Dezember 1966 fand im Hürther Gymnasium eine Naturschutz-Ausstellung statt. Diese Wanderausstellung des Landes NRW wurde durch eine „Sonderschau Erholungspark Ville" ergänzt und zog viele Interessierte an.

Auch diese winterliche Aufnahme entstand im Januar 1966 am Berggeist-See. Landforstmeister Dr. Pöppinghaus, Mitglied im Vorstand des Planungsbeirates des Erholungsparkes, berichtete bei einer Sitzung des Vereins im gleichen Jahr über die Anlage von neun Parkplätzen und Wanderwegen. Von 67 aufgestellten Bänken hatte Rheinbraun 50 gestiftet.

Eine Aufnahme aus dem Mai 1969 vom Berggeist-See in Brühl. Das Erholungsgebiet umfasst 24,5 Quadratkilometer Wald- und Seenfläche. Auf die Wasserfläche entfallen 2,16 Quadratkilometer.

Am Liblarer See im August 1966. Auch dieser See im Ville-Erholungspark ist durch den Braunkohlentagbau auf einer Fläche von 54 Hektar entstanden. Liblar zählte nicht zum Landkreis Köln, hatte aber durch die Vernetzung im Villeverein enge Berührungspunkte mit dem Landkreis.

Der Segelclub Ville am Liblarer See im August 1966. „Wenn in absehbarer Zeit der Verein Erholungspark Ville offiziell aus der Taufe gehoben wird, werden die Mitglieder feststellen müssen, dass ihre künftigen Planungen für den Erholungspark schon von Anfang an mit einer Hypothek belastet sind: Die Bezirksregierung hat im Alleingang den Liblarer See für zwölf Jahre an den ‚Segelklub Ville' verpachtet", schrieb die NRZ am 15. Juni 1965.

Diese Aufnahme entstand im Mai 1969 am Donatus-See. Der gesamte Erholungspark umfasst heute 40 Seen und eine neu gestaltete Waldlandschaft. Bereits 1920 wurde nach den ersten Auskohlungen mit der Aufforstung im Ville-Raum begonnen.

Im Februar 1968 war im Erholungspark Ville eine Streife mit Polizeihunden unterwegs, denn nicht jeder See ist zum Baden freigegeben. Ein Teil des Erholungsparks Ville ist der Natur vorbehalten.

Diese Aufnahme entstand im März 1969 und zeigt den Zwillings-See. Landschaftlich bietet die Seenplatte ein Vielzahl an so genannten Postkartenmotiven.

Der Beginn des Grüngürtels in Efferen, aufgenommen am 4. Juli 1953. Der Grüngürtel der Stadt Köln stößt hier auf den Landkreis Köln. 1975, im Zuge der kommunalen Neugliederung, büßte Efferen 500 Hektar Land im Grünbereich ein.

Der Grüngürtel bei Efferen im Winter, die Aufnahme wurde am 27. Januar 1956 gemacht. Der äußere Grüngürtel der Stadt Köln entstand in den 1920er-Jahren auf dem Gelände des ehemaligen Festungsgürtels und hat heute eine Größe von 800 Hektar.

Eine weitere winterliche Aufnahme des Grüngürtels bei Efferen an der Kreisgren-ze stammt ebenfalls vom 27. Januar 1956.

Das Doppelkreuz in Efferen auf einem Foto vom 10. Dezember 1953. Früher er-richteten die Anwohner eines Ortes, einer Straße oder eines Hofes Kreuze zum Gedenken an einen Verstorbenen oder aber, um die Vorübergehenden zu veranlassen, im stillen Gebet Gott zu gedenken.

Der Burgweg in Hermülheim am 14. Mai 1955. Die dazugehörige Burg wurde 1964 abgerissen.

Weidende Kühe in der Mulde des Ingendorfer Tales bei Stommeln, aufgenommen am 15. Februar 1962. Heute zählt dieses Tal zum Naherholungsbereich der Stadt Pulheim.

Die Tulpenfelder auf Gut Neu-Hemmerich in Bachem am 28. Mai 1954. In den 1920er-Jahren war es der Holländer Wilhelm Baas, der im Rheinland mit der Tulpenzucht nach holländischem Vorbild anfing. In den 1960er-Jahren wurden 2.500 Morgen Land für die Blumenzucht genutzt.

Diese Aufnahme entstand im Wald am „Bachemer Brünnchen". An den einstigen Wallfahrtsort erinnert heute nur noch die Wilmarus-Kapelle. Sie liegt am Mahlweiher gegenüber der Burg Bachem und der Kirche St. Mauritius.

Der Randkanal bei Sinnersdorf am 25. Mai 1956. „Der nördliche Kanalteilbau wird gemeinsam von Braunkohle und Landkreis [...] durchgeführt. Anschließend wird der Landkreis Köln den Kanal im verringerten Querschnitt von Lövenich aus in das südliche Kreisgebiet hochführen, um der dortigen stark entwickelten Industrie mit ihren weit verzweigten Siedlungsgebieten endlich die dringend erforderliche Vorflut zu geben." (Zitat: Sonderausgabe der „Kölnischen Rundschau" vom 27. März 1956)

Der Entwässerungskanal an der B 59 im Raum Stommeln, aufgenommen am 15. Februar 1964. „Der Südteil des Kanals führt – flussaufwärts gesehen – über Lövenich, Weiden, Junkersdorf, Marsdorf, Stotzheim und Hermülheim in den Brühler Raum. In diesem Abschnitt nimmt der Kanal künftig den Duffesbach sowie den Stotzheimer, Gleueler und Frechener Bach auf." (Zitat: Sonderausgabe der „Kölnischen Rundschau" vom 27. März 1956)

Der Graben am Velder-Hof bildete die nördliche Grenze des Landkreis Köln zum Kreis Greven-broich. Das Foto entstand am 16. Mai 1954 bei Pulheim. Heute ist der Hof eine bekannte Golf-anlage.

Der Königsdorfer Wald mit der Abbraum-Ankippung im Sommer 1965. Heute ist der Königs-dorfer Forst ein gern besuchtes Ausflugsziel. Hier findet man alte Baumbestände und Feuchtbio-tope.

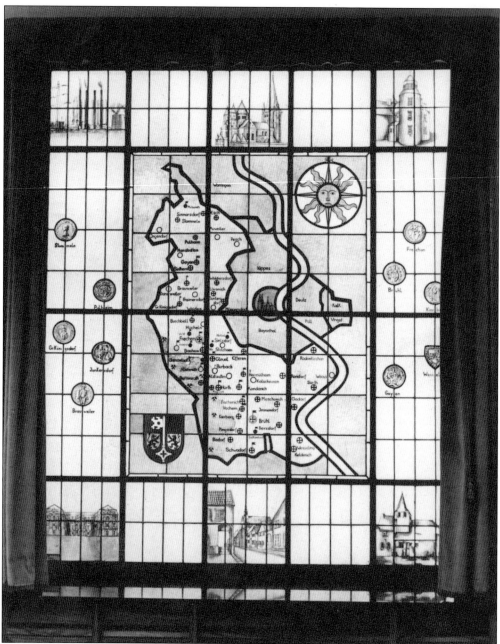

Eine Darstellung des Altkreises Köln mit dem Gebiet der Stadt Köln und dem Rheinlauf. Das Glasbild hing früher in der Kantine des Kreishauses in Hürth. Durch Erlass des Preußischen Staatsministeriums vom 22. Mai 1939 durfte der Landkreis Köln ein Wappen führen. Der Schlüssel ist das Attribut von St. Peter, dem Patron des Erzstiftes, und verweist auf das Kurfürstentum Köln, zu dem der größte Teil des Kreisgebietes bis zur Auflösung des Kurfürstentums 1803 gehörte. Der schwarze Löwe bezieht sich auf das Herzogtum Jülich, zu dem ehemals die Gebietsteile Stommeln, Pulheim, Geyen, Frechen, Fischenich, Efferen und Stotzheim gehörten. Der rote Löwe erinnert an die Zugehörigkeit von Sinnersdorf, Rodenkirchen und Wesseling zum rechtsrheinischen Herzogtum Berg.

4

Stadtansichten

In einer Kreisbeschreibung aus dem Jahre 1830 werden auf 7,88 Quadrat-Meilen drei Städte, 61 Dörfer, 15 Weiler, 59 Höfe und 18 aus einzelnen Häusern bestehende Etablissements mit zusammen 62 Kirchen, Bethäusern, Kapellen und Synagogen, 78 Gebäuden für Staats- oder Gemeindezwecke, 6.009 Privathäusern, 70 Fabrikgebäuden und Mühlen, 8.609 Ställen, Scheunen und Schuppen vermerkt. Von der Kreisgründung 1816 bis zur ersten Eingemeindung im Jahre 1888 stieg die Zahl der Bürgermeistereien von 13 auf 16 und die Zahl der Gemeinden von 32 auf 34. Infolge der großen Gebietsverluste in den Jahren 1888, 1910 und 1922 verlor der Kreis insgesamt sieben Bürgermeistereien mit zehn Gemeinden sowie 58 Ortschaften und Wohnplätzen an die Stadt Köln. Insgesamt waren es 16.555 Hektar, also über ein Drittel der Gesamtfläche des Kreises, und 120.600 Einwohner, mehr als die Hälfte der damaligen Kreisbevölkerung. Das restliche Kreisgebiet umfasste 1922 noch neun Bürgermeistereien mit 24 Gemeinden, 1932 kamen die Gemeinden Wesseling und Keldenich hinzu. Nach der Volkszählung 1961 gab es im Kreis folgende Städte und Gemeinden, die dazu gehörenden Ortschaften und Wohnplätze stehen in Klammern: Stadt Brühl (Brühl, Badorf, Eckdorf, Heide, Kierberg, Pingsdorf, Roddergrube, Schwadorf, Vochem), Stadt Frechen (Frechen, Bachem, Buschbell, Hücheln, Marsdorf, Neu-Buschbell, Stüttgenhof, Vorst), Gemeinde Brauweiler (Brauweiler, Dansweiler, Freimersdorf, Geyen, Manstedten, Neu-Freimersdorf, RWE-Schaltwerk, Sinthern, Vogelsang, Widdersdorf), Gemeinde Hürth (Hürth, Alstädten, Berrenrath, Burbach, Efferen, Fischenich, Gleuel, Hermülheim, Kalscheuren, Kendenich, Knapsack, Sielsdorf, Stotzheim), Gemeinde Lövenich (Lövenich, Großkönigsdorf, Junkersdorf, Kleinkönigsdorf, Uesdorf, Weiden), Gemeinde Pulheim (Pulheim, Altenhof), Gemeinde Rodenkirchen (Rodenkirchen, Godorf, Hahnwald, Hochkirchen, Hönningen, Immendorf, Konradshöhe, Meschenich, Rondorf, Sürth, Weiß), Gemeinde Sinnersdorf (Sinnersdorf, Auweiler, Esch, Orr, Pesch, Stöckheimerhof), Gemeinde Stommeln (Stommeln, Ingendorf, Stommeler Busch, Vinkenpütz) und Gemeinde Wesseling (Wesseling, Berzdorf, Dikopshof, Falkenlusterhof).

Auf der Aufnahme aus den 1930er-Jahren ist das Knapsacker Jungvolk zu sehen. Das Deutsche Jungvolk war eine Unterorganisation der nationalsozialistischen Hitler-Jugend, in der die Jungen von 10 bis 14 Jahren zusammengefasst wurden.

Fest und Feier zum Erntedank fanden vermutlich in Hermülheim statt. Die Aufnahme entstand am 1. Oktober 1933. Erntedankfeiern finden stets am ersten Sonntag im Oktober statt.

Ein weiteres Foto der Festlichkeiten zum Erntedank im Jahre 1933. Solange sich der Mensch als Teil einer göttlichen Schöpfung begreift, wird er Teile dieser Schöpfung wie z.B. die Nahrung auf Gott zurückführen.

Der Abschluss der Erntezeit bot darum immer Anlass zu Dank und Feier. Im Jahre 1933 konnten sich die Menschen über eine reichhaltige Ernte freuen.

Der evangelische Kindergarten in der Römerstraße in Wesseling, um 1950.

Das Rathaus in Wesseling am 3. September 1959. Der zweigeschossige Bau wurde 1912 gebaut, 1913 konnte die Verwaltung einziehen. Es war das erste Rathaus für Wesseling. Heute sind hier Teile des Sozialdezernates untergebracht.

Ein Siedlungsbau an der Eckdorfer Straße in Wesseling, aufgenommen am 27. Juni 1956. Der Anteil des Siedlungsbaus am gesamten Wohnungsbau stieg in der Nachkriegszeit parallel zur großen Nachfrage nach Wohnungen.

Dieser Siedlungsbau an der Mertenerstraße in Wesseling wurde ebenfalls am 27. Juni 1956 aufgenommen. Vertriebe und Flüchtlinge, die im Landkreis und gerade auch in Wesseling Arbeit gefunden hatten, benötigten dringend Wohnungen und eine neue Heimat.

Am 27. Juni 1956 gab es an der Waldorferstraße in Wesseling eine Baustelle zu sehen. Als der Pressefotograf an diesem Tag durch den südlichen Landkreis fuhr und Aufnahmen von der Bautätigkeit im Kreis machte, hielt er ein Stück Zeitgeschichte fest.

Das Gut Krone in der Hauptstraße in Wesseling, aufgenommen im Jahre 1959.

Diese Aufnahme vom 23. Mai 1954 zeigt die Hauptstraße in Berzdorf. Im Hintergrund sieht man die katholische Kirche „Schmerzhafte Mutter Gottes". Diese Kirche wurde 1856 auf historischem Boden erbaut.

Die Entenfangstraße im winterlichen Berzdorf am 7. Februar 1956. Das Gebiet um den Entenfang, einen sumpfigen Arm des Rheins, ist heute unter Naturschutz gestellt.

Das RWE-Schaltwerk in Brauweiler (Pulheim) im April 1962. Das Hochspannungsnetz verbindet die Kraftwerke und Verbraucherschwerpunkte. Es dient gleichzeitig als Koordinierungsstelle für die deutschen Übertragungsnetzbetreiber sowie als nördlicher Teil des europäischen Höchstspannungsnetzes.

Am 14. und 15. Mai 1966 fand in Pulheim die Feuerwehrausstellung des Landkreises Köln statt. Hier wurde die Rettung von Personen bei Autounfällen demonstriert.

Markt im Pulheim im Sommer 1970. Im Hintergrund sieht man das Rathaus, das 1925 errichtet wurde. Nachdem Pulheim in den 1980er-Jahren ein neues Rathaus bekam, ist im alten heute die Stadtbücherei untergebracht.

Die Junkersburg in Geyen im Juni 1970. Man erkennt den Hof und die Rückfront des Herrenhauses mit dem Rundturm. Besitzer der Burg war bis in die erste Hälfte des 16. Jahrhundert die Familie Judde.

Diese Aufnahme vom 15. Februar 1962 zeigt den Stommelner Friedhof. Inmitten der Begräbnisstätte ist die alte Stommelner Martinuskirche, die auf der Höhe des Berges liegt, zu sehen.

Der Hof Mutzerath in Stommeln, aufgenommen am 4. Mai 1955. Im Jahre 1910 brannte es auf dem Hof. In den Sommermonaten war die Feuergefahr stets besonders hoch.

Eine Panoramaansicht von Stommeln mit der Pfarrkirche und der Windmühle. Das Foto wurde am 15. Februar 1962 vom Bahndamm aus aufgenommen.

Die Dorfstraße von Stommelerbusch im Jahre 1962. Mit der Errichtung der neuen Großhöfe Gertruden- und Sophienhof in der zweiten Hälfte des 19. Jahrhunderts begann die Besiedelung des ehemaligen Rodungsgebietes Stommeler Busch.

Die Stommeler Mühle auf einer Ansicht vom März 1964. Im Jahre 1571 gab der ehemalige Besitzer, der Herzog von Jülich, die „Wyntmoell in Stommel" der Gemeinde in Dauerpacht. Anfang des 19. Jahrhunderts wurde die Gemeinde Stommeln Eigentümerin der Mühle. Nachdem von 1860 bis 1864 dann auf dem Mühlenberg die gegenwärtige Windmühle entstanden war, führte die Gemeinde den Pachtbetrieb bis 1936 fort. Danach wurde sie an Privateigentümer verkauft.

Gut Vinkenpütz im Stommeler Busch. Die Aufnahme zeigt die Weide mit Pferden im Mai 1962. Der Einzelhof Vinkenpütz wird schon im frühen 16. Jahrhundert erwähnt, da er auf der damaligen Mühle in Stommeln mahlen lassen musste. Diesen Bann übten die Jülicher Herren auch auf das Dorf aus.

Blick in den Innenraum des Vinkenpützer Hofes im Stommeler Busch, aufgenommen am 15. Februar 1962.

Diese Aufnahme des kleinen Kreuzhofes, des früheren Roloffshofs, in Stommeln stammt aus dem Sommer 1962. Im Jahre 1490 erwarb der Kreuzherrenorden den Hof. Der letzte Pächter des großen Kreuzhofes, Peter Lemper, kaufte das Anwesen 1807 von der französischen Besatzungsmacht.

Der große Kreuzhof in Stommeln am 15. Februar 1962. Man sieht den Wohnteil von der Hofseite aus. An dieser Stelle soll Ludwig von Bellinghoven, der Ahnherr der Ritter von Stommeln, im Jahre 1276 eine Wasserburg erbaut haben. Im 15. Jahrhundert erwarb der Kreuzherrenorden das Anwesen.

Der Turm des Hauses Mutzerath. Dieses Gebäude ist der Rest einer mittelalterlichen Burganlage, die ursprünglich fünf Geschosse besaß. Am Tag der Aufnahme, dem 15. Februar 1962, waren nur noch drei Geschosse vorhanden.

Der Junkershof in Geyen in der Gemeinde Sinnersdorf. Die Aufnahme entstand im Juni 1970.

Die Aufnahme vom 16. April 1957 zeigt die Kochdamen des Kreiswaisenhauses in Brauweiler.

Das Kreiswaisenhaus in Brauweiler am 2. September 1955. Nach der Schließung des Waisenhauses wurde das Gebäude als Brauweiler Rathaus weitergenutzt.

Diese Aufnahme entstand beim Deutsch-Französischen Jugendtreffen am 9. September 1966 auf dem Mertenshof in Lövenich.

Im Juni 1970 stand ein Traktor auf dem Mertenshof, der auch Aussiedlerhof Pauli genannt wurde. Zum Hof gehörte auch ein Park. Er diente jahrhundertelang als Kirchpfad für die Weidener Katholiken, die bis 1929 kein eigenes Gotteshaus hatten und auf diese Weise zur Kirche nach Lövenich gelangten.

Diese Aufnahme entstand im September 1953 beim Bau der Autobahnbrücke über den Rhein in Rodenkirchen. Die Brücke wurde in Pylonbauweise errichtet, die schon die alten Ägypter beim Bau ihrer Tempel anwendeten. Der Pylon überragt die Konstruktion und hält die Stahlkonstruktion, über die heute der Verkehr hinwegbraust. Die Brücke ist jetzt auch Teil der Europastraße 40.

Das Gasthaus „Zum Treppchen" in Rodenkirchen am 3. Mai 1953. Rodenkirchen war der südlichste Ort im Landkreis Köln und ist heute der südlichste Bezirk des linksrheinischen Kölns. Damals wie heute ist die Gaststätte ein bekanntes Ausflugsziel.

15 Jahre später, 1960, konnte man das 140. Jahr des Bestehens der inzwischen umgebauten Gaststätte „Zum Treppchen" feiern.

Rodenkirchen ist ein malerisch am Rhein gelegener Ort. Wie auf der Aufnahme vom 4. Oktober 1959 zu sehen, kann man hier die Natur genießen. 1962 feierte die Firma Cyclop in Rodenkirchen ihr 50-jähriges Bestehen. In der Maternusstraße wurde im gleichen Jahr der erste Rodenkirchener „Taxi-Ruf" eröffnet.

Die Maternuskapelle am Rhein am 27. November 1953. „Neben der alten Maternuskapelle in Rodenkirchen liegt das schmucke Heim des Kölner Seglerclubs. Kein Seglerclub am Rhein kann sich rühmen, an solch herrlicher Stelle ein Clubhaus liegen zu haben", hieß es damals in der Zeitschrift „Rodenkirchen", die von Willy Krey herausgegeben wurde.

Starkes Verkehrsaufkommen in den Nachmittagsstunden zwischen 16 und 17 Uhr am 25. September 1967 in der Hauptstraße in Rodenkirchen. Wann wird die Hauptstraße zur Einbahnstraße, fragte man sich damals.

Säuglingspflege lernten werdende Mütter im August 1964 in der Goetheschule in Rodenkirchen. Die neue Turnhalle der Goetheschule wurde, inklusive Lehrschwimmbecken, im Jahre 1960 eingeweiht.

Regierungspräsident Dr. Warsch besuchte am 2. November 1953 mehrere Gemeinden des Landkreises Köln. Auf diesem Bild begrüßt er Polizeibeamte in Rodenkirchen.

Am gleichen Tag traf sich Dr. Warsch (Zweiter von links) mit Vertretern des Landkreises und der Industrie in der Maschinenfabrik Sürth. Die Sürther Maschinenfabrik war eine Zweigniederlassung von Linde's Eismaschinenfabrik, die in erster Linie Kühlschränke und Kühlaggregate herstellte.

Eine schöne Aufnahme des Shell-Hafens in Godorf vom 2. Oktober 1960. Die petrochemische Industrie hatte hier sehr früh einen eigenen Hafen errichtet. Godorf war bis zur Industrialisierung ein Straßendorf, das im 12. Jahrhundert erstmals urkundlich erwähnt wird.

Der internationale Jugendhilfsdienst arbeitete am 12. September 1956 am Gollberg in Brühl beim Bau einer Wohnsiedlung mit.

1973 wurde der Markt der Stadt Brühl auf den Balthasar-Neumann-Platz verlegt. Diese Aufnahme des regen Treibens entstand im gleichen Jahr. 1285 erhielt Brühl erstmals die Stadtrechte. 1910 sprach man der Gemeinde erneut Stadtrechte zu.

Im April 1967 wurde dieses Foto der Schwesterschülerinnen des Marienhospitals in Brühl im Gemeinschaftsraum aufgenommen. Ein moderner Erweiterungsbau des Brühler Marienhospitals wurde im Mai 1962 feierlich eingeweiht. Die Kapazität der Einrichtung stieg auf 300 Betten.

Der 14. August 1961 war ein schöner Sommertag. Trotzdem waren auch an diesem Tag Kinder in der Stadtbücherei in Brühl in Bücher vertieft.

In der Tagesbildungsstätte für geistig behinderte Kinder in Brühl-Heide wird bei Musik ein Tänzchen geprobt. Die Aufnahme entstand im September 1969.

Dieses Foto entstand am 27. Juni 1957 anlässlich der Grundsteinlegung des neuen Kreis-Waisenhauses in Brühl.

Die Kinder des Waisenhauses führten zur Einweihung ihres neuen Heims am 3. November 1958 ein kleines Theaterspiel auf.

„Backe, backe Kuchen ... und Brot". Die Angestellten der Bäckerei Krämer in Brühl präsentierten dem Fotografen Mirgeler am 10. September 1955 sich und ihr Handwerk.

Am gleichen Tag konnten man in Kierberg diesen Dachdecker bei seiner Arbeit beobachten. Er deckte das Dach der dortigen Pfarrkirche neu ein.

Im Datenverarbeitungszentrum des Landkreises Köln in Frechen wurden im April 1970 die Computer montiert. 1966 betrieb Karlheinz Gierden die Gründung der BGB-Gesellschaft „Kommunales Rechenzentrum im Kreis Köln", die inzwischen in „Kommunale Datenverarbeitungszentrale Rhein-Erft" (KDVZ) umbenannt wurde.

Die Alfred-Nobel-Straße mit der Industriebebauung in Frechen im Mai 1970. Die Gewerbe- und Industriegebiete entstanden außerhalb der Ortskerne.

Der Großmarkt Mengel und Ritter in Frechen. Die Aufnahme vom 17. September 1969 zeigt einen Blick ins gewerbliche Einkaufszentrum.

Gut Neuhemmerich in Bachem, aufgenommen am 14. Juli 1957. Der Boden in der Kölner Region eignet sich gut für die Landwirtschaft. Bekanntester Pächter war Dr. h.c. Cornel Berk.

Der Stüttgenhof mit dem See in Frechen am 20. Juni 1961. Heute gehört das Gelände zum Grüngürtel der Stadt; zuvor war es lange Sitz der Verwaltung von Rheinbraun. 1928 fand man hier bei Ausgrabungen Spuren der jungsteinzeitlichen Bandkeramik des Frechener Raums. Die Gefäße dieser Epoche waren zumeist mit bandähnlichen, runden und eckigen Spirallinien geschmückt.

Die bei einem Bombenangriff am 31. Mai 1942 zerstörte Wilhelm-von-Capitain-Straße in Junkersdorf. Die Gemeinde hatte viele gefallene und vermisste Soldaten sowie zivile Tote zu beklagen. Beim Bombenangriff wurden die Alte Dorfkirche, die Pfarrkirche, das Kloster vom Guten Hirten und 113 Privatgebäude getroffen.

5

Rheinische Kulturlandschaft

„Spuren erster Besiedlung aus der Jugendsteinzeit (sog. Bandkeramiker, 3. bis 2. Jahrtausend v.Chr.) namentlich im südlichen Teil des Kreises; geschlossenes Dorf bei Marsdorf (in der Nähe des Stüttgen-Hofes) aufgedeckt. Sog. Schnurkeramiker oder Becherleute (aus dem Mainzer Becken her) siedelten an zahlreichen Stellen (2. bis 1. Jahrtausend v.Chr.); interessante große Grabstätten aus der sog. Hallstattzeit (bei Brühl-Kierberg); über die Frühgermanenzeit im Kreise ist noch wenig bekannt. Zahlreiche Ortschaften gehen auf Siedlungen (Militärstationen, Landsitze, Villen) der Römer zurück (manche Überbleibsel von römischen Bauwerken, Begräbnisstätten, verschiedenen das Kreisgebiet durchschneidenden Wasserleitungen, Aquädukten). Alle heute den Kreis durchschneidenden Fernverkehrsstraßen sind bereits Heerstraßen der Römer gewesen. Vom 5. Jahrh. n.Chr. an zahlreiche fränkische Siedlungen im ganzen Kreisgebiet, das zum größeren Teil zum Kölngau (auch Gilgau genannt) gehörte. Während des Mittelalters fortschreitende territoriale Zersplitterungen. Ausgangs des 18. Jahrh. gebietsmäßige Aufteilung des (heutigen) Kreisgebietes folgendermaßen: Herzogtum Bergheim (Wesseling und Rodenkirchen), Kurfürstentum Köln (Sürth, Rondorf, Gleuel, Kendenich, Knapsack u. Vochem), Herzogtum Jülich (Frechen, Stotzheim, Efferen, Fischenich), Österreich. Niederlande (Hürth). 1797 (Friede von Campo Formio) ganz zum Arrondissement Köln des Nord-Departements; 1815 ganz zu Preußen (Rheinprovinz), 1946 ganz zum Land Nordrhein-Westfalen. Zahlreiche Wasserburgen und Schlösser: Bachemer Burg, Burg Kendenich, Burg Schwadorf u.a.; Schloss Brühl (ehem. kurkölnische Sommerresidenz Augustusburg, zerstört 1689). Barockkunst, erbaut 1725 bis 1765; Jagdschlösschen Falkenlust (erbaut 1729 bis 1740 nach den Regeln des französischen Rokokos). Abtei-Kirche in Brauweiler (erbaut 1048), sowie zahlreiche Kirchen und Kapellen hohen Alters." (Zitat: Skriptsammlung Kreisgeschichte, zusammengestellt von Jadings, September 1948)

Eine Frauenbüste aus einem Römergrab in Weiden, aufgenommen am 12. April 1960. Das Römergrab gilt als das schönste und am besten erhaltene diesseits der Alpen.

Eine Männerbüste aus der Grabkammer in Weiden, aufgenommen am 12. April 1960. Die Grabkammer wurde seit dem 2. Jahrhundert n.Chr. genutzt. Hier lässt sich die Entwicklung von der Urnen- zur Körperbestattung nachvollziehen.

Der Eingang des Römergrabs in Weiden am 11. April 1960. Im Grab fand man Speiseliegen und Korbsessel, die die Lebenden benutzten, wenn sie hier in Gedenken an die Toten tafelten.

Die Grabkammer wurde 1843 freigelegt und zählt heute zu den bedeutenden Sehenswürdigkeiten der Stadt Köln. Weiden wurde 1975 zur Stadt Köln eingegliedert. Die Aufnahme entstand am 11. April 1960.

Das Kloster zum guten Hirten in Junkersdorf – hier am 4. Februar 1955 – wurde 1896 eröffnet. Der Orden widmete sich der Pflege betreuungsbedürftiger Mädchen. Eine 330 Meter lange Mauer entlang der Aachener Straße umringte den Komplex. 1976 wurde das Kloster aufgelöst, die Stadtsparkasse Köln erwarb das Gelände. Die Gebäude mussten Bürohäusern weichen. So verschwand ein im Original vollständig erhaltener Komplex neugotischer Architektur und ein bedeutendes Kulturgut im Kölner Westen.

Die katholische Kirche St. Pankratius in Junkersdorf Ende 1960er-Jahre. Am 18. März 1962 wurde die neue Kirche der Pfarre St. Pankratius in Junkersdorf benediziert. Der Grundstein war 1960 gelegt worden. Die Kirche bietet Platz für 400 Gläubige.

110

Blick von Südwesten auf die Abteil Brauweiler. Auf der Aufnahme vom August
1964 sieht man die Abteikirche und Teile
der Prälatur. Pfalzgraf Ezzo und seine
Gemahlin Mathilde, eine Tochter Kaiser
Ottos II., gründeten die Abtei im Jahre
1024. Sie bestand bis zur Säkularisation
1803.

Das „Anstaltsgebäude" der Abtei Brauweiler im August 1962. Ab 1933 diente die Abtei den
Nationalsozialisten als Arbeitsanstalt und danach bis Kriegsende als Gestapo-Gefängnis.

Die ehemalige Benediktinerabtei Brauweiler am 20. Juni 1964. Der Blick geht aus dem Kreuzgang aus dem 12. Jahrhundert auf den Marienhof, der nach einer doppelköpfigen Madonna aus dem 18. Jahrhundert benannt ist.

Blick in die Vorhalle der Abteikirche Brauweiler St. Nicolaus, vor dem Westturm der Kirche, aufgenommen am 20. Juni 1964. Die romanische Abteikirche, der mittelalterliche Kreuzgang und das barocke Abteigebäude vom Ende des 18. Jahrhunderts zählen zu den schönsten noch erhaltenen Klosteranlagen des Rheinlandes.

Dieses Kapitell an der Abtei Brauweiler wurde am 20. Juni 1964 aufgenommen. Kapitelle – wörtlich Köpfchen – dienen als oberer Abschluss von Säulen und Pfeilern. Meist wurden sie mit ornamentalen, pflanzlichen oder figürlichen Verzierungen versehen.

Die Orgel der Abteikirche St. Nicolaus aus dem 17. Jahrhundert auf einer Aufnahme vom Mai 1964.

Die Toreinfahrt des ehemaligen Klosters Benden aus dem 18./19. Jahrhundert in Kierberg. Das Kloster wurde Anfang des 13. Jahrhundert gegründet. Heute ist dieser Platz Ausgangspunkt für einen Stadtspaziergang entlang der ehemaligen Mühlenstandorte in Brühl.

Der traditionsreiche Kaiserbahnhof in Brühl-Kierberg, bekannt als einer der schönsten Bahnhöfe Deutschlands, wurde 1875 an der Bahnstrecke Köln–Trier gebaut. Diese Aufnahme stammt aus dem Sommer 1973. Seine besonders aufwändige Gestaltung verdankt der Bahnhof Kaiser Wilhelm I., dem der Bahnhof als Ausgangspunkt für seine Truppenbesuche bei Manövern in der Eifel diente.

Die Burg Schwadorf aus Brühl wurde auch „Schallenburg" genannt. Sie wurde im 15. Jahrhundert von der Familie Schall von Bell erbaut. 1694 wurde die spätgotische Wasserburg umgebaut und erneuert. Park und Wirtschaftsgebäude sind erst im 19. Jahrhundert angelegt worden.

Diese Gedenktafel hängt am Geburtshaus des Künstlers Max Ernst (2.4.1891-1.4.1976) in Brühl, das um 1885 erbaut wurde. Der spätklassizistische Bau ist heute Pfarrhaus der katholischen Kirchengemeinde „Maria von den Engeln". Das Foto wurde im September 1971 aufgenommen.

Die Süd-Ost-Seite des Schlosses Augustusburg in Brühl am 1. September 1959. Im 13. Jahrhundert ließen die Kölner Erzbischöfe an dieser Stelle eine Landesburg erbauen. 1725 erbaute dann Kurfürst Clemens August auf den Trümmern der 1689 zerstörten Wasserburg das eigentliche Schloss Augustusburg.

Schloss und Schlosspark von Südosten, aufgenommen am 28. Mai 1952. Der Schlosspark ist ein Prunkstück der Residenz. Nach französischem Stil ist die Symmetrie das alles beherrschende Prinzip. Das Parterre wird von Laubengängen gesäumt.

Das Treppenhaus von Schloss Augustusburg in Brühl, aufgenommen am 5. August 1959 . Das Treppenhaus gehört zu den besonderen Sehenswürdigkeiten des Schlosses und wurde von Balthasar Neumann gestaltet.

Teilansicht des Schlossparkes vom 2. September 1959. Der Park wurde nach 1728 von D. Girard geschaffen, der auch den Versailler Park gestaltete. P.J. Lenné veränderte im Jahre 1842 Teile des Parks, die später aber nach den Originalplänen wieder hergestellt wurden.

Die Hauptfassade von Schloss Falkenlust, aufgenommen am 27. August 1969. Das Jagdschloss Falkenlust wurde zwischen 1729 und 1734 nach Plänen von François de Cuvilliés d.Ä. erbaut. Das Schloss und der Park wurden 1984 als Gesamtanlage in die Liste des Kultur- und Naturerbes der Welt (UNESCO) aufgenommen.

Das untere Vestibül von Schloss Falkenlust. Die abgebildete Nymphe mit dem Jagd-Falken gestaltete Dereix von Kirchhoff. Die Aufnahme entstand am 22. August 1969.

Auf der Luftaufnahme vom 19. Oktober 1967 erkennt man die Innenstadt von Brühl, das Schloss Augustusburg, RWE, die evangelische Kirche, den Markt, die Uhlstraße, die Rosenstraße und die Pingsdorfer Straße.

Der Bartmannskrug aus Frechen ist ein Bodenfund von 1970. Das Kugelbauchgefäß wird auf das Jahr 1570 datiert. Vom 16. bis 19. Jahrhundert war das Wirtschaftsleben in Frechen stark auf die verschiedenen Zweige des Töpferhandwerks ausgerichtet. Frechener Töpferware waren weltweit bekannt.

Die Aufnahme vom 14. Juni 1962 zeigt das Haus Vorst in Frechen. Heute ist die Verwaltung eines Entsorgungsbetriebes auf dem Gelände untergebracht.

Die alte Kirche St. Mauritius in Frechen-Bachem. Nach einer umfassenden Sanierung und Erneuerung ist das Gotteshaus heute wieder ein weithin sichtbarer Anziehungspunkt.

Die historische Wasseranlage Dick-opshof in Keldenich, aufgenommen am 25. August 1953. Dieser Hof wird 1213 erstmals urkundlich erwähnt und ist heute dem Institut für Pflanzenbau in Bonn angeschlossen.

121

Hofansicht von Torturm und Herrenhaus der Burg Efferen vom Mai 1966. Die Burg wurde wohl im 13. Jahrhundert erbaut und gehörte der Familie Overstolz.

Innenansicht der katholischen Kirche St. Maria Geburt in Efferen, aufgenommen am 28. Oktober 1958. Die Kirche gehört heute zum Pfarrverband Efferen/Hermülheim und verfügt über eine Bücherei und einen Kindergarten.

Restgebäude des Klosters Burbach. Im Landkreis Köln gab es insgesamt drei Klöster des Zister-zienser-Ordens, eines in Wesseling, eines in Kierberg-Heide und Marienbronn und eines in Bur-bach. Die Aufnahme lässt sich leider nicht datieren.

Der Weilerhof in Fischenich. Die Burgruine aus dem 12./13. Jahrhundert ist als die älteste erhal-tene Burganlage am Vorgebirge zwischen Köln und Bonn einzustufen. Es handelt sich um einen so genannten Rundling, dessen umgebende Ringmauer in einer Höhe von sechs bis zehn Metern erhalten ist.

Das Herrenhaus der Burg Kendenich am 12. Juni 1973. Die in der Ville gelegene Burg ist eine bedeutende Sehenswürdigkeit von Hürth. Das Herrenhaus wurde zwischen 1660 und 1664 von Sigismund Raitz von Frentz errichtet.

Eine Aufnahme des Osttors und der Vorburg von Burg Kendenich, aufgenommen im Juni 1973. Im Giebelfeld erkennt man das Allianzwappen von Groote und Pütz. Diese Familie erwarb das barocke Schloss im Jahre 1766.

Die Aufnahme vom 22. April 1956 zeigt das Kriegerdenkmal in Hermülheim.

Das Rektorenzimmer der katholischen Volksschule in Stotzheim, aufgenommen am 25. September 1958. Seit dem 1. August 1968 können die Schüler in NRW – neben den bis dahin allein als „weiterführend" bezeichneten Schulformen Gymnasium und Realschule – auch die Hauptschule besuchen. Die Hauptschule bricht mit der Tradition der Volksschule und wächst über diese hinaus.

Die Jugendburg Dattenberg mit Alt- und Neubau im Mai 1969. Das Anwesen ging 1949 für 100.000 DM an den Landkreis Köln. Zu Ostern 1950 öffnete die Jugendbildungsstätte mit 120 Betten. 1962/63 wurden die ehemaligen Stallungen umgebaut. 80 Betten, ein Saal für 140 Personen, ein Kino und Werkstätten boten den Jugendlichen aus dem Landkreis und dem benachbarten westlichen Europa Erholungsmöglichkeiten.

Jungen des Landkreises Köln bepflanzten im Oktober 1963 den Burghang der Jugendburg bei Linz. Auf dem Landstreifen, der 300 Meter über dem Rhein liegt, standen einst Weinstöcke. Der Berliner Adolf Fuchs, der im Jahre 1887 die Burgruine mit dem Weinberg erwarb, hatte sich intensiv mit der Verbesserung des Weinbaus befasst.

Diese Aufnahme entstand anlässlich des Kreisfeuerwehrtags auf der Jugendburg Dattenberg am Rhein. Man erkennt, wie eng das Leben auf der Burg in den 1960er-Jahren mit dem Dorfalltag verbunden waren. Der Landkreis als Träger steuerte jährlich 200.000 DM zur Unterhaltung der Burg bei. Für den Kreis war es eine Investition in die Zukunft.

Fröhlich marschierten die Feuerwehrleute am Kreisfeuerwehrtag aus dem Ort Dattenberg zur Burg. 80.000 Jugendliche aus ganz Europa besuchten durchschnittlich die Jugendburg. Außerdem wurde sie für Wochenendtagungen der Jugendverbände des Landes NRW genutzt. 1996 beschlossen die Verantwortlichen des Erftkreises, das Jugendlandheim aufzugeben. 1997 kaufte die Refugium Holding AG (Sitz Königswinter) die Burg. Zurzeit wird die Burg nicht genutzt.

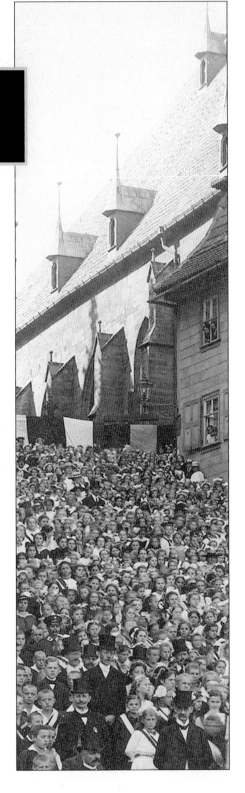